달빛 소나타

샘문시선 **1068**

한국문학상 수상 기념 시집
김상진 제2시집

K-poetry

바람도 일지 않는
구름도 끼지 않는
내 마음 한자리에 당신의 거울을 닦아 놓으렵니다

아무도 훔쳐볼 수 없는
나만의 그림을 그려놓고는

한밤중 꿈길에서도
함께 거닐 수 있기 때문입니다
〈당신의 거울, 일부 인용〉

길 위에서
길을 잃어
먼 데 산을 바라보니

구름이 석양빛에
노을이 참 곱구나

아득히
개 짖는 소리
갈 길이 멀다
〈나그네(시조), 전체 인용〉

피고 지고
지고 피는 것이 봄비 탓은 아니거든
그대 덧은 더욱 아냐

바람 바람 바람

봄비 올 때 불었던
그 바람 탓이니까요
〈꽃이 지는 까닭, 일부 인용〉

_____ 님께

_____ 년   월   일

_____ 드립니다.

도서출판 **샘문**

한국문학상 수상 기념 시집

달빛 소나타

김상진 제2시집

길 위에서 길을 찾다

뚜벅뚜벅 걸었습니다

봄, 여름, 가을, 겨울
쉼 없이 걸으면서

길 가장자리 찾아
꿈에서 만난 별들이 보내준 선물
꽃씨를 뿌렸습니다.

그 이름 도무지 알 수 없는
미지의 세상을 여는 씨앗들입니다.

봄에 뿌렸더니 싹이 나서 가을 단풍으로 물들고
가을에 뿌린 씨앗은 봄꽃 웃음꽃으로 피었습니다.

지난겨울 마른 가지에서 눈꽃으로 쓰인
편지를 읽었더니
여름날 무성한 풀숲 그늘에 숨은 꽃을 그렸습니다.

돌아보니 사철 꽃길을 걸었습니다.
지금은 꽃길에서도 길을 잃어

여는 글

돌아올 길을 찾을 수 없을 때
길 가장자리 숲 그늘에서 숨어서 핀
그 꽃을 찾아 걸어온 옛길 더듬어
잃어버린 나의 길을 찾아가고 있습니다.

2025. 08. 25.

희망의 길가에서 시인 **김상진** 배상

초부樵夫의 시심을 읽으며

- 김유조(시인, 문학평론가, 국제펜한국본부 부이사장)

  초부樵夫 김상진 시인이 두 번째 시집을 상재 한다는 소식을 접하면서 몇 줄 추임새를 넣고자 기꺼이 붓을 잡아본다. 초부를 아호로 쓰는 김상진 시인은 우리말로 또 '나무꾼'이라는 별호도 이름 대신에 즐겨 올리기도 한다. 오랫동안 도회지 생활을 하며 학생들을 가르치던 시인은 정년이 되자 두말없이 고향으로 돌아가 은거하면서 농사도 짓고 나무도 심어 가꾸며 틈틈이, 아니 구태여 틈을 만들어서 시작詩作에 몰두한 자국을 역력히 들어내며 산천에서 일상을 보내고 있다.
  그가 쓴 푸른 시작은 학연과 문맥으로 맺어진 문학 단톡방에 거의 하루도 빠짐없이 올라와서 마치 모두가 전원에 있는 듯싶게 자신의 글 마당으로 문우들을 불러낸다.

  이번이 두 번째 시집이라고 하지만 20년 전 『계간문예춘추』로 등단 후, 듣기로는 이미 대여섯 권 이상을 벌써 짜맞추어 놓고서도 겸연쩍어하고 있는 줄로 알고 있다. 무시로 발표하고 가꾸는 열의와 정성에 비추어 볼 때는 사실 그 이상의 시집 출간이 벌써 빛을 보았어야 하는 데 초부는 늘 검손하다. 여기 그의 시상과 감상을 나타내는 시 한 편을 올려본다.

  내가 시詩를 쓸 때는/ 작은 바람을 담습니다//
  그 누구보다/ 해묵은 고목 같은/ 벗의 가슴에서/
  오랫동안/ 노래로 남아있기를 바랍니다//
  노래가 남아있는 동안/ 나도 너에게서/ 벗이기 때문입니다//

서 문

그래서/ 하늘로 하늘로/ 자꾸자꾸 날려보냅니다/
못난 노래지만/ 어느 고운 님의 마음에서/
꽃으로 피어나기를 바랍니다

- 〈제3장 나의 노래 전문〉

소박하지만 질박한 시인의 감성이 가슴에 와 닿는다. 그가 왜 시를 쓰는지를 가슴으로 이해하게 된다. 나무꾼이 숲에서 나무를 가꾸고 벌목하듯, 시인은 언어의 밀림 속에서 의미를 추출한다. 시인은 그래서 둘 다 눈에 보이지 않는 본질을 찾기 위해 표피를 벗겨내는 작업을 고향 마을 전원에서 수행하는 모양이다.

나무꾼 시인은 또 서시에서 '숲도 산도 묵墨빛으로 희미하고/ 달빛만 저 혼자 푸르다'라고 노래하였는데 사실은 시인의 시심도 달빛 못지않게 빛나고 있다 할 것이다. 나무꾼이 참나무를 다듬듯, 시인은 오랜 숙성 기간을 거쳐 시적 언어를 정제한다. 아울러 여기 인용하지는 않지만, 초부 시인의 시 가운데에는 유난히 계절에 대한 음유가 많은 데 전원에 터를 잡은 시인으로서는 계절의 순환 속에서 얻을 수 있는 리듬이 시의 호흡이 되고 있음을 본다.

한편 우리시대는 이제 환경에 관한 관심을 떠나서는 생존 자체를 논하기조차 어려운 절박한 때가 되었다고 볼 때 초부를 자처한 시인의 작업 공정은 언어의 순환 구조를 품고 있고 신생을 꾀하는 기본적 자세에 있음이라고 하겠다. 디지털 시대에도 초부의 상징은 새롭게 재해석되어서 오늘날, 그리고 앞으로 '가상현실 속 나무꾼'이라는 모티프로 '디지털 장작 패기'에 빗대어 표현되는 경지도 예비하고 있다 할 것이다. 이처럼 초부의 이미지는 시대에 따라 유연하게 변주되면서 시창작 본질을 상징하는 메타포로 자리를 잡고 있는데 이런 맥락에서도 우리의 초부 시인은 의도하였던 아니었던 선도적 위치를 점하였다고 할 수 있겠다.

문득 농사를 직접 지으며 시를 쓴 이성부 시인이나 직접 나무를 하며 시를 쓴 고은 시인의 면모를 초부 시인의 이미지에서 발견하며 자연과의 교감, 노동과 창작의 유사성, 역사적 문맥 등을 시 속에 구조적으로 내포하는 시들이 더욱 끊임없이 이어져 나오는 기대하게 된다. 초부의 마당에는 연못이 있는 듯하다. 아니 적어도 그의 가슴에 있는 너른 연못의 시심을 음유하며 초부 시인의 시집 상재를 반기는 마음을 전한다.

> 처음 당신이 오실 때는/ 바람으로 왔습니다//
> 난/ 봄 꽃잎처럼/ 살랑거렸고/
> 파문처럼 번져 가더니/ 파도가 되었습니다.//
> 꼭 잡아두고 싶었습니다, 마는/ 구름이었나 봅니다//
> 청산 더불어/ 가슴 깊이 그림자로 남아있었고/
> 하늘 밖에서/ 흐르고 있었습니다.//
> 가을/ 겨울 그리고 봄이 지나고//
> 삭이고 삭인 진흙 속에서/ 푸른 연잎이 자라고/
> 그 연잎 사이 숨어서/ 연꽃 봉오리 돋을 때/
> 비로소 알았습니다//
> 사랑은/ 당신의 가슴에/ 연꽃 한 송이 피우는 것인 것을

샘문시선 1068

한국문학상 수상 기념 시집

달빛 소나타

김상진 제2시집

여는 글 _ 길 위에서 길을 찾다 / 4
서문 _ 초부樵夫의 시심을 읽으며 / 6

제1부 : 내 진실의 거울

달빛 소나타 / 14
당신의 거울 / 16
시인詩人은 가슴으로 시詩를 쓰지 않는다 / 18
장마 전선 / 19
내 진실의 거울 / 20
푸른 파도를 헤치고 / 21
가을 편지 / 22
전설傳說 / 23
동행同行 / 24
당신 / 25
슬픔의 본질 / 26
봄날은 간다 / 27
옛 이야기 / 28
그 옛날의 그 함성소리 / 30
세기世紀의 재앙災殃 앞에서 / 32
보라! 저 붉은 군대의 열병식을 / 34
봉사, 그 사랑의 수레바퀴를 굴리며 / 36
존재存在 / 38

제2부 : 석류꽃 지는 밤

연못에서 / 40
장미의 겨울나기 / 42
진달래꽃 당신 / 43
석류꽃 지는 밤 / 44
입동立冬 / 45
매화 피는 날 / 46
시월의 장미 / 47
첫사랑 / 48
옹달샘 / 49
달밤 / 50
옛 추억 / 52
꽃이 지는 까닭 / 53
장맛비·1 / 54
장맛비·2 / 55
나의 노래 / 56
안부 / 58
나그네 / 59
홍수洪水 / 60
적월赤月 / 62
낙수落水자리 / 64
유붕有朋이 자원방래自遠方來 하니 / 66

제3부 : 봄날 그 빗속에서

장미꽃 잔치 / 68
님은 가시고 / 69
묵화墨畵 / 70
일출日出·1 / 71
일출日出·2 / 72
피리 소리 / 74
연등連燈 / 76
금강錦江 / 78
꽃불 / 80
향월도香月圖 / 81
마산항 무학산 둘레길 / 82
참 말세로세 1 / 83
참 말세로세 2 / 84
가을 문턱 / 85
월식, 아 개기월식 / 86
채석강에서 / 88
발왕산發旺山에서 / 90
남천 보도교 위에서 / 92
봄날, 그 빗속에서 / 94

제4부 : 자연, 그 산과 숲

산·1 / 96
산·2 / 98
산·3 / 99
산·4 / 100
산·5 / 101
산·6 / 102
산·7 / 103
숲·1 / 104
숲·2 / 105
숲·3 / 106
숲·4 / 107
숲·5 / 110
숲·6 / 112
숲·7 / 113
봄 길에서 / 115
가을 들녘에 서서 / 116
토함산吐含山 단풍 들었네 / 117

제1부

내 진실의 거울

[서시]

달빛 소나타
- 月光曲

숲도 산도 묵墨빛으로 희미하고
달빛만 저 혼자 푸르다

유리알 수면에 비친
제 그림자를 보고
달무리 동그랗게 남겨놓고
풍덩 물속에 빠져버렸다

요정은 부르지 마라
천사의 나팔도 불지 마라

다만
밤새夜鳥 한 마리 달문에 들어
야간 비행을 시작하면

소녀야
기도하는 네 손을 풀고
달빛 소나타를 연주하자

금모래 은모래를 쏟아부어라
일어나라. 달그림자야
살랑 이는 바람아. 물결아
네 발끝으로 물을 차며 춤을 추거라

바위처럼 침묵하던 산그림자야 일어나거라
검은 능선을 달리고 달려서
달빛을 향한 긴 여행을 떠나자

어둠에 묻힌 숲아
모든 살아있는 것으로부터 떠나
방황하는 가난한 영혼들을 위한
진혼鎭魂의 춤을 추거라

네 온몸이 땀으로 젖어 송골송골 이슬이 맺히고
별빛도 스러지면
멀리서 먼동이 터 온다

소녀야
너도나도
다시 두 손을 모두고 합장하자
그리고 더불어
별빛을 위한 기도를 하자
달빛을 위한 기도를 하자

Betoven 월광 소나타 제 1악장과 함께

당신의 거울

명경지수 맑은 물에
봄꽃동산 곱게 물들이고
만산홍엽 가을이 그대로 들어와 앉아도
행여나 당신 모습 드리우지 마세요

바람이 일어서
일렁이는 물결에 당신 모습
일그러지는 일 차마 볼 수 없기 때문입니다

멀어져 있어도
함께 바라보고 있다고
밤하늘 중천에 둥근 달님에다가
구태여 당신 모습 그리지 않으렵니다

지나는 구름에 가려지면
애써서 그린 얼굴
무참히 지워질까 봐 혼자 애태우기 때문입니다

바람도 일지 않는
구름도 끼지 않는
내 마음 한자리에 당신의 거울을 닦아 놓으렵니다

아무도 훔쳐볼 수 없는
나만의 그림을 그려놓고는

한밤중 꿈길에서도
함께 거닐 수 있기 때문입니다

시인詩人은 가슴으로 시詩를 쓰지 않는다

헤아릴 수 없는 낱말에
온갖 미사여구美辭麗句가
머릿속에 가득가득 담겨 있어도
단 한 구절 한 행 일지라도
시인은 머리로 시를 쓰지 않습니다

임이 내 곁을 떠나던 날
구름은 달빛을 가리고
슬픔으로 심장은
거센 파도 부딪쳐 올지라도
한 연의 노래도 가슴으로만 시인은
노래하지 않습니다

어젯밤 불던 거센 바람에
누운 들꽃을 일으켜 세우면서도
흐르는 시냇물에 빨간 꽃잎 하나
가만히 흘려보내면서도

시인은, 시인은
다만 온몸으로 노래할 따름입니다

장마 전선

아직은 식지 않은
내 뜨거운 가슴의 열기가
얼음처럼 차기만 한
당신과 만났을 때 우리 사이에 생겨난
기다란 장마 전선

오늘은 흐림, 곳에 따라 소나기가 내리고
도무지 예측 불허의 날씨에
우산을 챙겨서 나가지만

천둥번개가 치고
우박이 쏟아지는 날씨에는
감당을 할 수 없어 창문을 닫아걸고

남은 열기熱氣의 한 덩어리조차도
몽땅 쏟아붓고는
당신을 부둥켜안고
그 한기寒氣를 몰아냅니다

닫힌 창안에서도 천둥번개가 치고
소나기가 내리더니
터진 하늘 틈새로 오색 무지개가 걸렸습니다

내 진실의 거울

어제 사, 비로소
내 진실이 비친 거울이
당신이었음을 알았습니다

마주하고 있는 모습에
그림자 지운 나는
어느 한구석 욕심의 티끌이
내 맑은 진실의 거울을 흐렸습니다

눈가에 맺힌 맑은 이슬에서
두꺼비 등인 양 추악한 질투가
차마 지금껏 가꾸어 온 내 진실의 탑을
허무는 것을 보았습니다

다시금 당신 앞에 서고
온전한 믿음으로 그 그늘 사라지며
이슬이 햇살에 흔적 없이 지워진 후
풀꽃은 환하게 웃음 짓고

그때 사
참된 내 마음 하나 고스란히 담긴
당신은 내 진실의 거울

푸른 파도를 헤치고

넘실대는 푸른 파도 저 너머로 해 솟으면
굵은 팔뚝 걷어붙인 고기잡이 가는 어부

붉고 푸른 깃발은 바람결에 나부끼고
어기여차 노랫소리 희망의 노를 젓네

저기 뵈는 바위섬은 갈매기의 낙원이요
파도치는 넓은 바다 우리의 보고로구나

가자 가자 너도 나도 푸른 파도 헤치고
희망찬 새 아침을 힘차게 저어가자

가을 편지

일찍 일어난 아침
풀잎에 맺힌 아침 이슬이 희다

까치 울음 매달린 감나무 가지 아래
한 장,
또 한 장,
아쉬움을 적어 보낸 가을 편지들

빨갛게 빨갛게
감이 익는 동안 내 가을도 익어가고
먼 곳 계신 잘 영글은 당신의 시심詩心이였나?

읽고,
읽고 또 읽으면서
나도 몰래 흠뻑 취한 가을 취기醉氣에

그리움을 시詩로 적은
낙엽落葉 한 장을
바람 편에 가만히 날려 보낸다

전설 傳說

잊었다, 한 적은 없소
잊겠다, 생각한 적은 더욱 없소

반달마저 구름에 가린 밤
날카로운 솔개의 부리로
가슴 쪼아 오던 날

소중한 기억을 곱게 싸서
반닫이 궤짝에 놓고
쇠를 채워 버렸답니다

녹슨 쇠는 열리지 않고
추억이 된 기억들은 좀이 슨 휴지가 되어
딕지딕지 먼지가 쌓였습니다

열지 않으렵니다
먼 훗날
화석이 되었을 그때
전설로, 전설로 남으렵니다

동행同行

무슨 꿈을 꾸고 있니
네 꿈속에서
내가 노래하게 해 줘

내 꿈속엔 언제나
당신이 춤을 추고 있단다

백지 한 장이라도
마주 들면
가볍다고 하지 않았던가

네가 힘들면 내가 업어주고
내가 지치면 네가 밀어주면서

같은 꿈을 꾸며
같이 노래하고
함께 춤추면서 걸어온 길

오늘 밤 저 달도
내일 아침 저 밝은 태양도
같이 보고 있다네

당신

창窓을 열었더니 보이든 당신은
닫아도 여전히 잘 보이기만 합니다

환한 대낮이라서 보인다고 생각한 당신은
달 속에 숨어있었나 봅니다
칠흑 같은 한밤중에는 더욱 뚜렷이 보입니다

두 눈 말똥말똥 뜨고
깨어 있어서 보였던 것은 아닌가 봅니다
이렇게 헤매고 헤매는
꿈길에서도 여전히 함께하는 당신은

나의 단 하나 당신이기 때문입니다
당신의 니이기 때문입니다

슬픔의 본질

내 슬픔의 뿌리는
가을비 때문이 아니랍니다

가을바람에
비에 젖은 나뭇잎
힘에 겨워
빗속에 지는 것은 더욱 아니랍니다

돌에 새긴 믿음은 모래로 부서져 가고
소망은 부질없이 흰 구름만 쫓아갑니다

가로등 불빛에 길게 누운
미루나무 등 뒤로
젖은 그림자 하나
낙엽에 묻혀 사라진 자리

골목 어귀 저 그림자는
옛님이 아니기 때문입니다

봄날은 간다

가두어 둘 수만 있다면
네 작은 밀실에다 가두고 싶다

많이도 많이도 보고 싶을 때
그리워 꽃내음이 맡고 싶을 때

꿈길에서도 두려워 손 떨림으로
아무도 몰래몰래 만질 수 있는
당신의 가슴속에 잡아두고 싶다

그래도 하 애닯구나
하필이면 밤비가 내리는 간이역에서
아무도 전송하는 사람 하나 없이
밤 기차는 떠나고

봄날은 간다
내 봄날은 간다

미련인가
굵은 빗줄기 속에는
주마등 불빛만 젖어 있구나

옛 이야기

긴긴 겨울밤에 풀어놓으면
너와 나의 가슴에서
따스한 모닥불로 피어난다

타고 남은
따뜻한 재 속에 숨어있는
잘 익은 군고구마 같은

한여름 밤하늘
별빛 아래 익어가는
옥수수 알갱이처럼
꼭꼭 박혀있는

우리들의 옛이야기 꽃은
만나기만 하면
만나기만 하면
메마른 가지에 파란 잎이 돋고

술래잡기하던
노란 개나리꽃 이야기

잘 익어 수줍던
연분홍 살구꽃 이야기

콩닥콩닥 가슴 두근거리던
복숭아꽃 그늘에서 이야기로

긴 긴 겨울밤은 깊어가고
초가지붕 처마에는
고드름만 영글어 간다

그 옛날의 그 함성소리
- 을유년 삼일절에

바위로만 있을 수 없어서
바위로만 있을 수 없어서
터져서 외침으로 일어섰는가 보다

숨죽였던 바람도 일어서고
사해의 그 잔잔하던 파도도 일어섰다
강물은 끓어서 그 흐름을 멈추었고
백두대간은 용트림으로 요동친다

눈 뜨고 보이지 않거든
눈을 감아라
귀를 열고 들리지 않으면
귀를 막아라

저리도 눈처럼 순결한
내 아버지 어머니의 모습을
굽힐 줄도 꺾일 줄도 모르고 내 닿는
네 오빠 언니의 기상을

그들의 하얗고 하얀 소리
저 목쉰 소리로의 외침을

펄럭이는 태극기의 물결을
대한 독립 만세
대한 독립 만세

그곳에는
너도 나도 없었고
나도 너도 없었다

오직
대한
대한
대한의 독립만 있을 뿐이다
하나 된 민족 통일된 민족
희디흰 우리 백의민족이 있을 뿐이다

세기世紀의 재앙災殃 앞에서
- 남지나해 대지진 해일 앞에서

바늘구멍을 뚫어놓고
우주를 보겠다고
별을 맞추어 떨어뜨린다고
캄캄한 하늘로 화살을 쏘아 보내더니

지축地軸을 흔든
태고 적 자연의 거대한 힘 앞에서
그만, 경악하며 혼절하고 말았구나

저 성城에 선한 사람 두 명만 있어도
소멸함을 면하게 해 달라던
그 간절한 기도마저 들어줄 수 없던
소돔과 고모라

경천동지驚天動地의 그 옛날의 전설 같은
바다가 벌떡 일어선 앞에서
작은 미물微物에 지나지 않았구나

요한 계시록啓示錄을 들먹이지 마라
어느 예언서의 예언도 끄집어내지 마라

봄날의 돌담 틈바구니에서
민들레 꽃씨가 바람에 날려서 새싹을 틔우고
저 작고 아늑한 방에서
어린 아기에 탄생의 신비로운 축복에
끊임없이 감사할 줄 모르거든
결코 오늘의 재앙災殃 앞에서 놀라지 마라

다만 내 간절한 기도는
저 수많은 놀랜 넋을 모두 달래어 주시고
용서와 사랑으로
평화로운 세상에 인도하여 주시기를

보라! 저 붉은 군대의 열병식을

열중쉬어
차렷
열중쉬어
쉬어
편히 쉬어

쉰체로 태양에게 경례

깔깔깔
어디선가 깔깔거리는 웃음소리 흐르고
낄낄낄
또 어디선가 낄낄거리는 웃음소리도 들린다
군악대의 군악이나 되는 양
미루나무 꼭대기에 매미가 자지러지게 울어 젖히고
바람은 미루나무 가지를 흔들고 가고

놀란 토끼 귀 모양 빳빳하게 고추 선 놈
꼬부라지고 휘어져서 나자빠진
돼지 꼬리 같은 놈,
축 늘어져서 영감 쳐진 뭣 같은 놈,
일곱 살 사내놈 딸랑딸랑 방울 위에서
나왔다 들어갔다 새끼 자라 모가지 같은 놈,
온 놈이 온 모양으로 늘려있어도

태양은 마음씨 좋은 옆집 할아버지처럼
그저 쓸개 빠진 양 실실 웃고 있을 뿐
그리고 넉넉한 빛살을 안아다가
이놈 저놈 가리지 않고 골고루 뿌려주고
그것도 지루한지
구름 데려다가 숨바꼭질도 즐기고
단비도 내려주고

보라
오뉴월 뜨거운 고추밭에서의
평화롭고 자유로운
저 붉은 군대의 열병식을

봉사, 그 사랑의 수레바퀴를 굴리며
- 3700지구 동호 로타리클럽 창립 20주년을 기념하며

보라 동호여,
너 그 큰 바다에는
영원히 지지 않는 태양을 품었나니

스무 해 전, 오늘
조그마한 수레에 동호로타리 깃발을 꽂고
서른일곱 마리 말들이 모여
봉사, 그 사랑의 바퀴를 굴리기 시작했었나니

구르는 바퀴 자국마다 먼지가 일더니
너는 어느덧 구름 되어 마른 대지에 단비를 뿌리고
깃발은 창공을 가르며 내닫더니
우렁찬 사랑의 함성이 되었구나

눈 뭉치 굴러가며 눈덩이 되듯
나란히 입석의 깃발이 서고

로타랙터, 인터랙터가 뒤를 따르니
더불어 함께 가는 길이여
그 길 영원으로 이어지나니
성주로타리 클럽
리더스 로타리클럽의 기치를 세웠구나

우르릉 우르릉
우렁찬 굉음이 지축을 울리면서
동호여, 너 그 큰 바다에
영원히 지지 않는 봉사의 해를 품었으니
말들이 엮이어 수레를 끌듯
모두 함께 어깨를 걸고
오늘도 또 내일도
봉사!
그 사랑의 수레바퀴를
힘차게 힘차게 굴러가리라

해를 품은 너의 호수에
밤하늘 둥근 달이며

반짝이는 수많은 별로 수를 놓고
사해 만방을 향하여 나아가는
봉사와 우정의 돛을 높이 단
사랑의 배를 띄위라

나, 그대들과 뱃전에 서서
큰 소리로 외치리라
동호여, 사랑하는 동호여
그대여, 영원히 활활 타오르는
봉사의 찬란한 횃불이 되어라

존재存在

내가 보았다.
늦가을 오후,

빨간 고추잠자리가
졸고 있는

파란 잔디밭 위에
까만 바위 하나.

달 뜨는 밤이면
달빛에 안겨 있다

제 2부

석류꽃 지는 밤

연못에서

처음
당신이 오실 때는
바람으로 왔습니다

난
봄 꽃잎처럼
살랑거렸고
파문처럼 번져 가더니
파도가 되었습니다

꼭
잡아두고 싶었습니다. 마는
구름이었나 봅니다

청산 더불어
가슴 깊이 그림자로 남아있었고
하늘 밖에서
흐르고 있었습니다

가을, 겨울
그리고 봄이 지나고

삭이고 삭인 진흙 속에서
푸른 연잎이 자라고
그 연잎 사이 숨어서 연꽃 봉오리 돋을 때
비로소 알았습니다

사랑은
당신의 가슴에
연꽃 한 송이 피우는 것인 것을

장미의 겨울나기

찬바람 맞으며 홀로 서서
기다리고 또 기다려도
임은 찾아주시지 않았습니다

어여삐 여겨서인지
어젯밤 흰 눈이 내리더니
하얀 눈꽃을 피웠습니다

그 아름다움에 반한 당신을
차마 볼 수 없음인가
따사로운 햇볕에서 눈물로 지웁니다

곱지 않아도
내 진실의 추하고 못된
가시 하나까지도
사랑할 줄 아는 임이 오시면

이듬해 봄
그 화려한 오월의 정원에서
빨간 꽃 그 짙은 향기의 의미를
알아주시리라는 믿음에
겨울이 마냥 춥지만은 않습니다

진달래꽃 당신

밤이 되면
내 꿈속 봄 길에서
활짝
진달래꽃으로 핀 당신

수줍어 얼굴 붉히면
가슴까지도 꽃물이 들고
살짝
봄바람 각시가 입 맞추고 간다

온 산을 태우고도 모자라서
내 작은 가슴까지
번져오는 너의 불길로
내 식어서 찬 가슴에
사그라지던 불꽃도 다시 피어난다

반쯤만 뜬 눈을 하고
돌부처 흉내를 내어도,
활활 세차게 타오른다

석류꽃 지는 밤

어젯밤
비바람에
석류꽃이 다지누나

부끄러워 참던 신음소리
빗소리에 묻혔지만

초야의
저 빨간 혈흔
지울 수가 없나 봐

입동立冬

어젯밤 궂은 비에
말라버린 가을 하나가

젖은 가지 끝에
미련으로 남았으니

바람도
차마 비껴가는
하늘은 더욱 맑다

매화 피는 날

아침에 멥새 한 쌍
봄볕 아래서
재재골, 재재골 사랑 노래에

지나가는 봄바람에
들킨 속내를
제 딴엔 감춘다고
망울지더니

몰 오른 꽃 가슴을
어쩔 수 없어
배시시 볼우물 지며
활짝 피었네

아직은 나비 오기
이른 봄날에
나비인 양, 봄바람에
속아 피었네

시월의 장미

내 뜰에 서서 강 건너 당신을 향한
붉은 절규입니다

뚝뚝, 선혈 되어 떨어질 만큼
불러보고, 또 불러보는 당신의 이름입니다

5월 그 호숫가 당신의 미소 옆에서는
화려한 붉은 연미복 차림의
현란한 노래 그리고 춤이었습니다

아직은 서리 오지 않았기에
가을밤 달빛 아래서 찬 이슬 맞으며
그대를 향한 마지막 몸부림으로 피었지만

시월에 핀 장미는
결코, 시들어서 지는 일은 없습니다

말라버린 채로라도 가지에 남아
추운 겨울날 흰 눈 내릴 적에
순백에 시린 정절로 당신 앞에서
하얗게 하얗게 피워 보이겠습니다

첫사랑

가랑이 걷어 올리고
시냇물 건너선다

바람 지난 보리밭이랑
밀어가 출렁이고

후루룩
종달새 난 자리
보릿골이 누웠다

산모롱이 돌아서면
동네 불빛이 희미하고

동구 밖 정자나무에
달이 걸리면

수줍어
그림자 둘이
둥지 뒤로 잦아든다

옹달샘

숲길을 따라 걷노라면
안개 자욱한 곳
거기 옹달샘 하나 숨어있네

엎드려 내 얼굴 비추어 보면
달빛이 함께 드리워 있다

동동 뜬 수련 잎새에
이슬방울 맺힐 때

아침은
그 아침은
더디 오더이다

달밤

비봉산 기슭
논둑길을 따라
단발머리 소녀의 긴 그림자

간절한 손짓인가
끊어질 듯 이어지는 노랫소리에
무작정 그림자를 좇아갔었지

구름에 달빛을 잃었을 때는
고운 님의 그림자를 잃어버리고
어쩔 줄 모르는 내 그림자 옆에
달빛 타고 나란히 선 그림자 하나

맑고 맑은 눈 속에
달빛을 담고
이슬을 담고
이야기를 담은 소녀는
마치 여전사 같았지

심장의 고동은 멎은 건지 뛰는 건지
알 수가 없었고

안간힘으로 간신히 내가 한 말은

"달밤의 마법에 걸려서……"
그리고 소녀의 웃음을 보았다네
달빛에 활짝 연蓮꽃이 피었다네

옛 추억

나 어릴 적
고향길은

곰삭은
이야기 길

돌아가 다시 보면
어제 같지만

잡힐 듯
잡히지 않는
굽이굽이 천 리 길

꽃이 지는 까닭

봄비 올 때
꽃이 피더니
봄비 속에서 꽃은 지네

꽃 필 때 웃었다고
꽃 질 때 울지 마세요

피고 지고
지고 피는 것이 봄비 탓은 아니거든요
그대 탓은 더욱 아니예요

바람 바람 바람

봄비 올 때 불었던
그 바람 탓이니까요

장맛비 · 1

정말 싫은데
연일 두고 내리는 비

오셔야 할 임도
못 가시게 말릴 임도 없건만

온몸을 칭칭 감고
놓아주지를 않는다

겉도 속도 시커먼
먹구렁이 한 마리

푸른 기와집 대밭에서
똬리를 틀고 있다

못난 사람 속내에서 큰물, 지는 줄
아는지 모르는지

장맛비 · 2

먼저 가신 호국 선열들의
가슴 찢는 통곡이 넘치고 넘쳐

하늘에 구멍을 내지 않고는
감당키 어려웠나 보다

미련하고 못난 후손의 하는 짓거리
내려와 호통칠 수 없는 처지가 기막혀서

하늘 쾅쾅 치며 울부짖는가 보다.
이제는 화를 거두어 주소서

당신의 조국
금수강산이 떠내려갈 지경입니다

나의 노래

내가 시詩를 쓸 때는
작은 바람을 담습니다

그 누구보다
해묵은 고목 같은
벗의 가슴에서 오랫동안
노래로 남아있기를 바랍니다

노래가 남아있는 동안
나도 너에게서
벗이기 때문입니다

그래서
하늘로 하늘로
자꾸자꾸 날려보냅니다
못난 노래지만
어느 고운 님의 마음에서
꽃으로 피어나기를 바랍니다

네게서 꽃이 피고
향기가 전해지면
내 더러움도 맑아지기 때문입니다

그래서 바다로 바다로 띄워 보냅니다
먼 나라, 아주 먼 나라에서
웃음을 잃은 어느 작은 아이에게
희망으로 피어나기를 바랍니다

작은 아이가 활짝 웃을 때면
잃어버린 나의 희망도
밤하늘에서 또 하나의 별이 됩니다

그래서 마른 땅에도 잊지 않고 뿌립니다
메말라 버린 가슴에 오늘처럼 비가 내리면
촉촉이 젖어서
연두색 파란 싹 틔우기를 기도합니다

싹이 자라서 나무가 되고
그 나무 둥지에 새들이 모여
고운 노래를 부르기 때문입니다

어제도 오늘도 나는
시詩를 쓰면서
조그마한 소리로 하는 기도를 잊지 않습니다

안부

손 마주 잡지 않아도
당신의 소리를 들을 수 있고
눈 마주치지 않아도
내 이야기를 읽을 수 있다

함께 부둥켜안지 않아도
님에게서 내게로
내게서 님에게로
따뜻한 피가 흐르는 것은

시의 그 하늘에서
자유롭게 그림을 그리며
편대비행을 하고 있기 때문입니다

나그네

길 위에서
길을 잃어
먼 데 산을 바라보니

구름이 석양빛에
노을이 참 곱구나

아득히
개 짖는 소리
갈 길이 멀다

홍수 洪水
– 어느 음악 교수의 가장 슬픈 하루

친구의 생일 초대를 받고
그 집 현관을 들어서자마자
느닷없이

다섯 살 개구쟁이 똘이에게
아빠가 만들어준 대나무 물총으로
얼굴에 물벼락을 맞아 버렸다

꼭두까지 치미는 화가 폭발하려는
바로 그 순간

Audio에서 울려 퍼지는
슈벨트의 겨울 나그네 중
Wasserflut 홍수 洪水

그만
왈칵 쏟아지는 눈물과 함께

화는 눈 녹듯 녹아버리고
터지는 너털웃음
푸 하 하 하~~~

어이,
꼬마 아저씨
이 곡의 뜻은 제대로 아는 감

세상에서 가장 슬픈 노래 중
하나라는 것을

적월 赤月
- blood moon

나도 보았지
너도 보았구나

그
붉은 달

너도
아팠나 보다
나도
아프더라

우리는 모두
함께 보는구나
그 붉은 핏빛 달

또
함께 하는구나
그 아픔을

기다리자

기다리다 보면
구름도 걷히더라
기다리다 보면
저 붉은 그림자도 지나가겠지?

그렇게
그렇게
너와 나
그리고 우리
기다림도 함께 하자

[註說]
2018. 6. 6.
63주년 현충일

낙수落水자리
- 낙숫물 자리

장마 끝 비 개인 뒤
추녀 끝자락

물방울 한 방울 두 방울
떨어진 자리
움푹 파인 깊은 생채기 하나

억수같이 소나기 쏟아질 적에
터지고 찢기고 얻어맞은 자리

피멍이 들어도
비명은커녕 신음조차
빗소리에 묻혀 잊혔구나

흉측한 그 자리 보기 싫어서
둥글고 납작한 조약돌을 모아
동그랗게 동그랗게 예쁜
꽃자리를 만들었다

돌아보니 내게도
첫사랑에 패인
감춰놓은 고운 낙수 자리 있네

어릴 적 그 풋사랑의
이름 끝 글자
연꽃으로 새겨놓은 귀한 꽃자리

유붕有朋이 자원방래自遠方來 하니

앞동산에 동이 틀 무렵
분명 까치가 와서 울었나 봐

꿈길에서도 길을 잃고서
매화향梅花香 실어 오는
봄바람을 쫓아다녔다

차마 말은 하지 못해도
누군가를 기다리는 마음
혼자만의 속앓이를 아셨나 보다

닫힌 문 두드리는 소리 나더니
사립문 열고 들어오는 어릴 적 친구
다시는 행화촌杏花村이 어디냐 묻지 않겠다

옛 친구랑 마주 앉으니
예가 술 익는 마을,
유붕有朋이 자원방일래自遠方―來 하니
불역락호不亦樂乎아!

제 3 부

봄날 그 빗속에서

장미꽃 잔치
- 6.6 현충일, 에버랜드에서

잔치가 한창인 장미꽃밭에서
나는 덩달아 행복한 나비가 된다

노랑나비 되어
황색 장미 위에 앉아보고
백장미밭에서
흰나비 되어 짐짓 숨어본다

아무도 날 찾아주는 술래는 없건만
꽃밭에서 웃지 않는 나비는
바보 나비

밀물에 밀리는 나뭇잎처럼
밀려서 밀려서 혼자 웃다가

석양이 꽃 빛과 다툴 즈음에

민들레가 그리워
민들레가 그리워
밤나비 된다

님은 가시고
- 故 박정희 대통령 생가生家에서

오월의 하늘엔 바람 한 점 없는데
분향소 향 내음은
아카시아꽃 향기에 묻힌다

뒤 울 댓잎은
푸른빛을 잃고 말라가는데
대숲의 통곡 소리 듣는 이 없네

이토록 그리움이 사무치는 것은
님이 가신 그 길에
장승이 다섯 사람이 없네

지금 사
그 그신 당신 사랑에
생전에 단 한 번도 부르지 않던
그 이름 부르며 엎드려 절합니다

각하!
영부인님
편히 잠드소서

묵화墨畵

해지자
땅거미 지니
천지天地가 묵墨 빛이다

한 붓,
듬뿍 찍어
일필휘지一筆揮之한다

달 뜨니
산수화山水畵 한 폭
남천南川에 그림자 곱다

[註說]
2009. 10. 29. 장산 박도일 선생 장산서실
서예전시회를 보며 -경산 남천 둔치에서

일출日出 · 1

오매불망寤寐不忘 품고픈
옆집 내 각시님

서산마루 노을빛에
곱게 씻고서

밤 파도의 품에서
철썩이다가

부끄러워 감추지 못한
상기 된 얼굴로

쏘옥
별이 진 담장 위로
고개 내민다

꼬기요
홰를 치며 새벽닭이
세 번 울더니

중천中天에 알 하나
낳아 놓았다

일출日出 · 2
– 丙申年 元旦 성암산에서

부끄러운가 봐
쏙, 구름 속에 숨어, 빼꼼
내민 네 얼굴이 불그래하다

괜찮아,
지난해 적어 보낸 너와 나의 소망들이
읽고 읽고 또 읽어서
낙엽이 되어버린 것을 보았단다

그 믿음 빛바래지 않았기에
소리 없는 함성으로 너를 맞는다

봐라 봐라
불끈불끈 솟아오르는 너의 힘찬 도약에
올해도 어김없이 바램을 적어
네 수레에 실어 보낸다

가자 가자
멀리 더 멀리 당기고 밀고 올라가자
높이 더 높이

어느덧 해는 중천에 뜨고
네 그 수줍음도 옮았나 보다
옆에 선 아내의 얼굴이 밝으레하다

참 곱다
올봄 성암산 등산로 진달래꽃도
참 곱겠다

피리 소리

바람의 숨결인가
가쁘게 몰아쉬지 않는다

아무에게도 들려줄 수 없는
이야기들을
숨어서 숨어서 풀어내며
명주 적삼 소매 끝에서 흐느적거리고 있다

바람의 춤이었구나
휘감기고 뻗어내며
맴돌다가 비상飛翔 한다

들 풀꽃 향기는 달빛 아울러서
강 물결 위에 밤나비 부르고

검은 학 한 마리
꿱꿱 밤하늘을 날아오르고 있다

바람의 시詩로구나
몰래몰래 나 몰래 가슴에 파고든다

간절한 속 내
애절한 그리움 실어
한 단 한 단 일곱 단
석탑 꼭대기 보주를 매달고 있다

[註說]
2007. 08. 18 밤 정곡문학관에서
가람 이진석 시인이 부는 피리소리를 들으며

연등連燈
― 대둔산 금강 운교에 줄등처럼

불기 2554년, 부처님 오신 날
닷새가 지났는데
대둔산 금강운교에
주렁주렁 줄등이 달렸네

벗이란 이름으로
아내란 이름으로
남편이란 이름으로
쉰 해를 엮고 또 엮은
해묵은 애정의 연등이 걸렸네

반백 년 풍상으로 빛바랜 색등이지만
黃燈, 紅燈, 靑燈, 綠燈에
이름을 적어

나는 네 이름을
너는 내 이름을 부를 적마다
노란 등은 노란빛
붉은 등은 붉은빛
파란 등은 파란빛
푸른 등은 푸른빛 불이 켜졌다

바람이 불어도 꺼지지 않는
비가 내려도 꺼지지 않는
우정의 등불이 신록에 묻혀
가파른 철 계단을 오르고 올라

대둔산 정상 개척의 탑 꼭대기에
너도 나도 가슴에 간직한
청운의 그 푸른 깃발을 달자

금강 錦江
― 대둔산 합동 야유회에서

산색이 물빛과 다투는 금강에는
올해도 어김없이 꽃이 핍니다

지난해 심어놓은 이야기들이
헤어질 때 네 가슴 내 가슴에
도둑놈 가시처럼 달라붙어서
털어도 또 털어도 떨어지지 않다가
망초 꽃 무더기로 피어나듯이
옹기종기 모여서 다시 핍니다

산 뻐꾸기 노래에 흥이 올랐나
물결이 햇살 받아 찰랑일 적에
우리들의 노래도 물이 올라서
어깨춤 덩실덩실 돌아갑니다

박제된 파랑새의 옛 노래들도
안개일 듯 서물서물 피어올라서
쉼도 없이 끝도 없이 이어지다가
금강 변 자갈밭에 뿌려집니다

나 떠나고
너도 떠난 금강에는
달빛이 휘영청 밝은 밤이면
뿌려놓은 우리의 옛이야기가
도란도란 속삭이며 흘러갑니다

꽃불
- 성암산에서

어떻게 알았을까

봄날
따듯한 어느 봄날

누군가
당신의 가슴에
활활 꽃불을 질렀을 줄을

성암산 등산로
진달래 꽃길 사이
솔가지에 걸린

산 불 조 심!

아니. 아니
내 눈엔 자꾸만
꽃 불 조 심!

향월도香月圖

봄은
이미 저만치 가벼렸고
영춘화迎春化진지도 오래다

오늘 밤
창에 어린 달빛은 찬데
영춘화迎春化 꽃 물든 진강晉江의 달은
장강長江을 노랗게 물들이겠지

문득
달빛 향기 하도 그리워
향월도香月圖 그림을 보고 또 본다

그림 속 여섯 장 꽃잎
시들지 않았건만
달빛에 그대 향기 맡을 수 없네

아쉬워 창을 열고 푸른 달빛에
꽃잎 속에 숨겨진 노래 읊어봅니다

마산항 무학산 둘레길

봄 마중 가자 하고 봄 길을 가다가
봄 아씨를 만나면
남보다 먼저 입 맞추어 준다고 다짐했건만
만날 고갯마루에서 기다림에 지쳐
옛 전설은 까맣게 잊어버리고
그리움을 돌 하나에 빼곡히 새겨
돌탑 위에 가만히 올려놓는다

여기쯤 왔을까 다시 보고
저기쯤 왔을까 둘러보아도
봄 처녀는 그림자도 볼 수가 없고
이마에 손을 얹고 하늘을 보니
앞바다를 섬들로 징검다리 놓고
나처럼 그리움에 마음이 급해
성큼성큼 바다 건너오고 있나 봐

그래도 행여나 만날까 하고
무학산 둘레길을 더디 걸어도
어디에도 흔적 하나 보이지 않고
하산 길 지친 벗의 눈빛에 숨어
수줍은 웃음으로 보고 있구나

참 말세로세 1

세상을 살다 살다
별놈
별일 많다지만
별 볼 일 없는 놈이
별을 따겠다고
더러운 입에다
별별 욕을 달고 다닌다

뭔 할 짓이
그렇게도 없는 건가
꼼수나 쓰는 놈의 ㅈ이 되겠다고 하니
지랄을 떨어도
별 지랄을 다 떤다
에라! 이놈아
그렇게도 할 짓이 없으면
차라리 개 ㅈ이나 빨아라

참 말세로세 2

동방예의지국에 효자 났다
어르신은 안방에 가만히 앉아만 계시란다
추운 겨울날 선거하러 나올 필요 없다네
그놈 참 일낼 놈이구나
일내도 크게 낼 놈이다

꼼수도
이 정도는 돼야지
얼핏 들으면 어른 공경하는 것 같지만
속 알맹이는 천하에 후레아들 놈이다

가을 문턱
- 立秋에

가을 문턱 넘어서니
신록도 힘을 잃고

우렁차던 매미 소리
매르르르 하고 잦아진다

한 뼘 더 높아진 하늘
고추잠자리만 날고

발등에 떨어진 이슬
찬 기운 서려 있어

꽃잎은 빛을 잃고
향기마저 사라졌네

노란 저 떡잎 하나에
아! 가을인가 봐

월식, 아 개기월식

하늘이여
하늘이여
목이 아프도록 쳐다보고
올려다보아도 일어나지 않았다

기다려도 기다려도 오지 않아서
바람이라도 구름을 몰고 와
가려주기를 기다렸네

이제 기다릴 수가 없다
기다리면 지나갈 줄 알았건만
붉은 저 달빛
그리고 뭇 별들이 비웃듯이 깜빡거리고 있네

바람도 불지 않았고
구름이 몰려와서
붉은 저 달빛 가려주지도 않네

그때 애태우는 나에게
어머님이 말씀하셨네

불개!
불개가 오면
몹시 뜨거울지 몰라도
붉은 저 달 덥석 물어 삼킨단다

어둠이 몰려오겠지
거센 파도가 밀려오겠지
바람이 불고 깃발이 찢어지겠지

그러나 잠깐이야
환한 밝은 달빛이 온 누리를 비출 거야

월식이야 월식
개기월식

채석강에서
- 변산반도 채석강에서

까마득히 깎아지른 절벽
수많은 책으로 산을 이루고 있다

읽고 또 읽어서
새카맣게 손때 묻어 있네.

켜켜이 쌓인 책들 다 읽고도
파도가 읊조리는 시는 단조롭기만 하다

철썩철썩 척 쏴~~~
철썩철썩 척 쏴~~~

한결같은 소리로만 읽고 있어도
네가 듣는 시
내가 듣는 시가 같지 않구나

달밤, 바람, 만남, 이별
그리고 사랑

친구야, 벗들아
쉰 해를 다져온 우리들의 우정도
책으로 엮어
채석강 언덕 위에 놓아두고 가자

먼 훗날 어느 누군가
어깨를 걸고 찾아온 친구들 있어
우리들의 이야기도 읊어주겠지

철썩철썩 척 쏴~~~~~~

발왕산發旺山에서

동사목凍死木 되어버린 주목들이
마왕처럼 버티고 선 발왕산 정상에 서서

그대여
우리 모두 입을 모아 소리 한 번 질러보자
곁에 있어도 멀리 있는 듯
그 이름 불러보고 싶고
멀리 있어도
곁에 있는 듯 그 손 잡아보고 싶은

벗이여
멀리 태백이 내 달리듯
앞만 보고 달려온 우리들의 넋
경맥의 혼을 불러 우렁찬 함성이 되자

너울이 밀려오듯
높고 낮은 산들이 춤추며 내닫는 태백의 끝자락
팔공산 쪽 남녘 하늘 바라보며
노래도 불러보자

팔공은 북녘에 가로 놓이고
푸르른 낙동강 물 감도는 벌에
그대여 모르는가
화랑의 넋을……

맑고 맑은 그 홍안 주름이 파이고
초롱초롱 빛나던 눈망울 흐려졌지만

나, 너를 만나면
식어버린 열정은 다시 더워져
내 몸은 붉고 뜨거운 피가 흐른다

친구야, 벗들아
살아 천 년, 죽어 천 년 저 주목같이
우리들의 우정도 한데 엮어서
만년을 변치 않는 화석이 되자
억년을 이어가는 전설이 되자

[註說]
경북고 44회 졸업생
50주년 기념 고희 잔치

남천 보도교 위에서

아침에 까치가 와서 울면
반가운 손님이 오신다는데

울어라 새야
자고 일어 울어라 새야

도무지 울지 않으니
기다려도 기다려도
님 소식 들을 수 없네

네 머리가 향하는 곳은
강 건너 저기 불 꺼진 창,

네 입에 버들가지 물려주랴

그 창에 불이 켜지면
버들잎에 적은 마음 전해졌겠지

네 이름을 불러주랴

네 모습이 그려진
빨간 우체부 가방 속에 담긴
고운 님 소식들이

붉은 꽃 노란 꽃 하얀 꽃잎 되어 흘러
님에게 전해진 날
창마다 창마다
환하게 불이 켜지고, 그때 나는

오색 날개 활짝 편 내 등을 타고
저 강을 건너마

빨간 까치 울음 다리
주작명교朱鵲鳴橋야
오색작명교五色鵲鳴橋야

[註說]
남천 : 경북 경산시를 흐르는 내, 까치는 경산의 시의 새,
　　　보도교의 이름을 지어 보았습니다

봄날, 그 빗속에서
– 청명절清明節 봄비가 내리는 날

다섯 명의 사람이 모여 앉아서
봄꽃을 보고 있다
봄비가 내리는 날에

산수유 꽃은 이미 지고 없는 봄날
개나리 노란 꽃잎이 한 잎 두 잎 지고

혼자 지는 것, 안타까웠나
언덕에 진달래 따라진다
진혼의 춤인가, 벚꽃의 춤사위도 현란하다

꽃은 필 때 노래가 있듯이
꽃잎은 떨어지면서도 노래를 부른다

다섯 명 열 개 눈동자는 봄꽃에 취해
마음을 빼앗기고
그중 한 명의 귀는 지는 꽃잎의 노래를 듣는다

봄비가 하염없이 내리는 날도
그 봄비 속에 벚꽃이 비처럼 날리는 날도
여전히 봄날인 것을

제 4 부

자연, 그 산과 숲

산 · 1

어머니
당신이 이고 있는 하늘은
너무 무겁습니다

언제나 푸르지만은 않았기에
햇살 바라며
구름에 진 그늘이
지나가기를 기다렸습니다

어머니
당신이 품은 들은
늘 땀으로 얼룩져 있습니다

바람이 거세게 부는 날이면
안간힘으로 버티고서
강물이 넘쳐
들판을 덮치지 않기를
조바심으로 애태웠습니다

어머니
북풍의 에인 바람에
잉태하여
살 여울 두꺼운 얼음을 깨트리고

당신의 가슴에
작고 예쁜 꽃을 안았습니다

어머니
이제는 쉬어야지요
울긋불긋 단풍으로
곱게 치장하고
밤하늘 별빛이 어루만지면
당신은 황금빛 들판으로
가만히
내려앉습니다

산 · 2

봄 나비 한두 마리
잡아먹고는
찔레꽃 세 네 송이
피워놓더니

병든 소까지
삼켜 버리고
알록달록 단풍으로
가려 버렸네

산아 산아 태산아
태산준령아

거꾸로 저 강물로
처박혔다가
바람의 소리에
귀를 씻고는

두꺼비 껍질은
벗어던지자
눈 내리는 겨울에서
알몸으로 서자

산 · 3

산 위에 올라
산 밑을 본다

산 아래 사람들은
개미만 한데

내려오면 하나같이
산이 된다

아무도 건널 수 없는
도랑 파놓고

누구도 오를 수 없는
험하디 험한

혼자서 섬 같은
산이 된다.

산 · 4

한 송이 꽃을 꺾으러
산에 갔었다.

산은
만 송이 꽃을 주었고

모습에 반해
향기에 취해

넋을 빼앗기고
내려오는 나에게

산은
그저 웃고 있었다.

산 · 5

바위 하나 꼭 품고
앉아있다
어머니처럼

해 뜨면 해를 향해
달 뜨면 달을 향해
두 손 모두고

새가 되어라
새가 되어라
주문을 외우고 있다

하루 이틀 사흘
날 수는 없어도

한 발짝
한 발짝씩
하늘을 오르고 있다.

산 · 6

멀리서 보고 있노라면
내 눈 안에 있는 산

다가가니
산은 보이지 않고
나는 산의 품에 있네

오르고 올라
정상頂上에 서니

산은
저만큼 달아나서
여전히
내 눈 속에서 웃고 있을 뿐

산·7

호랑나비 한 마리
산에 들어서
날갯짓 서너 번에
태기가 있어

산이 산을 낳고
그 산은 나비를 낳고

그 나비 춤사위에
흥이 돋은
골짜기 흐르는 개울물 소리 추임새 좋다

얼쑤

큰 북을 울리자 둥둥
작은북을 울리자 통통

그 신명에 잡힌
산들이 일어나
넘실넘실 추는 춤에 취해

나도 내 안에 산을 가꾸고
하얀 무궁화 꽃 한 송이
곱게 피운다

숲 · 1

숲에서
속삭이는 것은
새소리만은 아니랍니다.

바람이 풀숲을 흔들고 지나면
숲은 아우성으로 일어서고

상처로 얼룩진 나무들은
성난 이리떼로 울부짖으며
파도처럼 부서지며 달려듭니다.

그러나 아우성은
바람일 뿐 숲은 아니랍니다

이제
바람이여 자라
네가 자면
함성도 잦아지고

달빛 아래서
다시금 너는
풀잎의 속삭임을
풀벌레의 노래를 들으며
산 머루가 익어갈 것입니다.

숲·2

그루터기 그늘진
돌 틈새에서
숨어서 몰래몰래 울고 있는
하얀 꽃 한 송이 보듬고 있다.

산 뻐꾸기 울음 울 제
등 돌리고
혼자서 눈물짓는
이름 없는 꽃

산새 소리
물소리
바람 소리로
가려서 묻혀버린 슬픈 이야기
전설로 전설로 보듬고 있다.

숲 · 3

일어나라
숲이여

함성으로 일어나지 말고
웃음으로 일어나라

노란 개나리 입에 물고
너도 삐약
나도 삐약
노란 노래만 부를 수 없지 않니

진달래 철쭉 붉게 피고
목련 싸리꽃 함박웃음 속에

제비꽃 수줍고
할미꽃 돌아서서 다소곳한

숲이여

도화 꽃잎 떠서 흐르는
실개울 졸졸 노래 속에
흥겨운 어깨춤으로
흘러가자

숲 · 4
-붉은 숲

숲에서 길을 잃으면
그대여!
왼쪽으로 왼쪽으로 돌지 마세요

깊고 음습한 붉은 숲 골짜기
핏빛 꽃들의 아우성으로
하얀 목련 꽃
보랏빛 오동 꽃 숨어서 우는 곳

종달새, 뻐꾸기 소리
유배당한 뒤
꾀꼬리, 방울새, 휘파람새
겁에 실려 참새 탈을 쓰고
짹짹거리며 사는 곳

공작새 꼬리 자르고
아침마다 횃대에 올라
꼬끼오 꼬끼오 울어야 하는 곳

달콤한 설탕물 몇 숟가락에
죽도록 죽도록 꿀만 따다가
이리 떼, 승냥이 떼
번쩍거리는 견장에 가위가 눌려

붉은 만세만 외치다 죽은 영혼들의
슬픈 아리랑이 춤추고 있는 곳

"오라. 여기는 일벌들의 천국"
"오라. 누구나 똑같이 입고
똑같이 나누어 먹는
일벌들의 천국"

제소리 잊어버린 앵무새 몇 마리
울긋불긋 때때옷 차려 입고
똑같은 소리로 울고 있다

그대여!
숲에서 길을 잃고서
제발 제발 왼쪽으로 돌지 마세요

길은 험하고 힘들어도,
굼벵이로 흙 속에 뒹굴며 살아도
나비가 되는 꿈을 꿀 수 있는 곳
노랑나비 되어 날 수 있는 곳

밀양 아리랑, 진도 아리랑, 정선 아리랑
내 아리랑 내가 부르며 살 수 있는 곳

진달래 진자리 뒤에
싸리꽃 하얗게 피어 웃을 수 있는 곳

알록달록 곱게 물든 단풍 숲 우에로
파란 하늘에 구름이 흐르는
숲으로 가자 우리들의 숲,
푸른 숲으로
푸른 숲으로

숲 · 5

꼭꼭
숨겨둔
작은 꽃 한 송이

보여 줄까
말까

그냥, 확
보여 주고 말지

애달아 죽겠네
차라리
안 볼란다

솔바람 솔솔 불 제
실어 보낸 꽃향기 맡지 않았니

풀숲에서 팔랑대는
노랑나비 춤사위 보지 않았니

꽃내음
나비 손짓 따라 찾아오시면

풀숲에 감추어둔
작은 꽃

그
한 송이

숲 · 6
– 海印寺 천년 숲길에서

숲에도 언제나 길은 있다

찾고 찾아도 못 찾은
파랑새가 날아간 길
둥둥둥 법고 소리 따라
꽃사슴이 뛰어간 길
한 번도 가보지 못한 꿈길이 있다

천년을 갈무리한 전설의 전설의 길
숨어있는 꽃길이 있고

가도 가도 제자리만 맴돌고 있는
이상한 길도 있다

건너뛰면 다다를 수 있는
해탈의 문이 바로 저긴데

숲 · 7
- 그 겨울의 숲

12월의 기차를 탔다
겨울 숲으로 가는 하얀 기차다

고희古稀의 고개를 넘고
산수傘壽의 강을 건넌 벗들이
망구望九의 첫 발걸음 땐
1944(45)년생 고교 동창들의
갑진년甲辰年 송년의 밤의 모임이다

자작나무 흰 숲도 아니요
송백의 검은 숲도 아니다
연록의 봄의 숲도 아니요
울긋불긋 단풍든 가을 숲은 더욱 아니지만
고목古木인지 거목巨木인지 분간이 되지 않은
하얀 겨울 숲이다

숲에는
삭풍削風이 아닌 거센 훈풍熏風이 회오리치고
와자지껄 개울물 소리 거세게 소용돌이친다
맑은 새소리보다 아름다운 소리들이 집을 짓고
한 번도 보지 못한 초록의 꽃들이 피어나고
바위틈 언저리에 숨어피는 난蘭이었나
알듯 모를듯하다 네게서 나는 그 향기香氣

쌓이고 쌓인 그리움은 폭포수가 되고
추억은 흘러서 노래가 되고
응축된 우정을 사랑의 결정으로 가슴에 묻자

다시 바람이 불면
구름이 뭉쳤다 흩어지듯
우리들의 숲도 신기루처럼 흩어져 간다
참 아름다운 숲
이 겨울의 숲
그 이상한 숲의 이야기

봄 길에서
- 마산항 무학산 둘레길에서

봄 마중 가자 하고 봄 길을 간다.
봄 아씨를 만나면
남보다 먼저 입 맞추어 준다고 다짐했건만
만날 고갯마루에서 기다림에 지쳐
옛 전설은 까맣게 잊어버리고
그리움을 돌 하나에 빼곡히 새겨
돌탑 위에 가만히 올려놓는다.

여기쯤 왔을까 다시 한 번 보고
저기쯤 왔을까 둘러보아도
봄 처녀는 그림자도 볼 수가 없고
이마에 손을 얹고 하늘을 보니
앞바다를 섬들로 징검다리 놓고
나처럼 그리움에 마음이 급해
성큼성큼 바다 건너오고 있나 봐

그래도 행여나 만날까 하고
무학산 둘레길을 더디 걸어도
어디에도 흔적 하나 보이지 않고
하산 길 지친 벗의 눈빛에 숨어
수줍은 웃음으로 보고 있구나

가을 들녘에 서서

가을이 새 떼를 몰고 들녘에 앉으면
마음이 급해져서
노랗게 물들어 버린다

바람이 위로하면서 쓰다듬으면
가슴은 황금물결로 일렁이고
누가 먼저랄 것도 없이
풍년가를 흥얼거려 본다

올해의 갈꽃은
지난해의 슬픔일랑은 씻고
코스모스랑 어울려
가을 들길에서 춤추면

새털구름이 펼쳐 놓은
하늘은 높아서 파랗게 익어가고

나의 가을도
당신의 사랑을 먹으면서
노랗게 파랗게 더러는 빨갛게
익어가고 있다.

토함산吐含山 단풍 들었네

네 이별은 이제
거역할 수 없는 필연인가

아쉽고 또 아쉬워서
어젯밤 못다 푼 정념情念을
불꽃으로 토吐해낸 함성이런가

감당하기에 벅찬 법열法悅에
알아들을 수 없는 신음 소리로
당신께로 다가서는
간절한 기도라고 해도 좋다

변화가 곧 영원이라는 것을 아는 까닭에
언제 올지도 모르는
무서리에 지레 겁을 집어먹고
지나는 가을바람에
우수수 떨고는 있지만

붉은 가슴만은 아신다는 믿음으로
한 방울 선혈마저 모조리 토해내서
그대에게 바치는 거룩한 독경입니다

샘문시선 1068

한국문학상 수상 기념 시집

달빛 소나타

김상진 제2시집

발행일 _ 2025년 10월 15일
발행인 _ 이정록
발행처 _ 도서출판샘문
저　자 _ 김상진
감　수 _ 이정록
기　획 _ 박훈식
편집디자인 _ 신순옥, 한가을
인　쇄 _ 도서출판샘문
주　소 _ 서울특별시 중랑구 동일로 101길 56, 3층(면목동, 삼포빌딩)
전화번호 _ 02-491-0060 / 02-491-0096
팩스번호 _ 02-491-0040
이메일 _ rok9539@daum.net / saemteonews@naver.com
홈페이지 _ www.saemmoon.co.kr (사단법인 문학그룹샘문)
　　　　　www.saemmoonnews.co.kr (샘문뉴스)
출판사등록 _ 제2019-26호
사업자등록증 등록 _ 113-82-76122(사단법인 도서출판샘문)
　　　　　　　　　 677-82-00408(사단법인 문학그룹샘문)
　　　　　　　　　 104-82-66182(사단법인 샘문학)
　　　　　　　　　 501-82-70801(사단법인 샘문뉴스)
　　　　　　　　　 116-81-94326(주식회사 한국문학)
샘문사이버교육원 (온라인 원격)-교육부인가 공식교육기관 _ 제320193122호
샘문평생교육원 (오프라인)-교육부인가 공식교육기관 _ 제320203133호
샘문뉴스 등록번호 _ 서울, 아52256
ISBN _ 979-11-94817-31-4

본 시집의 구성은 작가의 의도에 따랍니다.
이 책의 저작권은 저자와 도서출판 샘문에 있습니다.
무단 전재 및 표절, 복제를 금합니다.

파손된 책은 구입처에서 교환해 드립니다.
본지는 한국간행물 윤리위원회 윤리강령 및 실천요강을 준수합니다.

문집 출간 안내

도서출판 샘문 에서는

베스트셀러 명품브랜드 〈샘문시선〉에서는 각종 시집, 시조집, 수필집, 동시집, 동화집, 소설집, 평론집, 칼럼집, 꽁트집, 수상록, 시화집, 도록, 이론서, 자서전 등 문집을 만들어 드립니다.
도서출판 샘문에서는 저자님의 소중한 작품집이 많은 독자님들에게 노출되고 검색되고 구매하여 읽히고 감상할 수 있도록 그 전 과정을 기획, 교정, 교열, 퇴고, 윤문(첨삭,감수), 디자인, 편집, 인쇄, 제본, 서점 등록(납품,유통), 언론홍보, SNS홍보 등, 출판부터 발매 까지의 전략을 함께해 드립니다.

📖 출판정보

샘문시선은 도서출판비를 30% 인하 하였습니다. 국제원자재값 폭등으로 인하여 문집 원자재인 종이값 등이 3번에 걸쳐 43% 상승하였으나 이를 반영하지 않았습니다.

📣 저자가 필요한 수량만큼 드리고 나머지는 서점 유통

📣 시집 표지는 최고급으로 제작함 - 500부 이상

📣 제목은 저자 요청시 금박, 은박, 에폭시로도 제작함

📣 면지는 앞뒤 4장, 또는 칼라 첨지로 구성해드림

📣 본문은 100g 미색 최고급지 사용함(눈 보안용지, 탈색방지)

📣 본문 200페이지 이상은 80g 사용

📣 저서봉투 - 고급봉투 인쇄 무료 제공

📣 출간된 책 광고(본 협회 ➔) 홈페이지, 샘문뉴스, 내외뉴스, 페이스북 13개그룹(독자& 회원 10만명), 카페 3개, 블로그 2개, 카톡단톡방 12개, 유튜브, 카카오스토리, 인스타그램, 문예지 4개, 문학신문 등)

📣 견적 ▷ 인세 계약서 작성 ▷ 기획 ▷ 감수 ▷ 편집 ▷ 재감수 ▷ 재편집 ▷ 인쇄 ▷ 제본 ▷ 택배 ▷ 서점 13개업체 납품 ▷ 저자에게 납품 ▷ 유통 ▷ 홍보 ▷ 판매 ▷ 인세지급

📣 출판기념회는 저자 요청시 본사 문화센터(대강의실) 무료 대여 가능(70명 수용가능) 현수막, 배너, 무대 조명, 마이크, 음향, 디지털 빔, 노트북, 줌시스템, 모니터, 컴퓨터, 석수, 커피, 차, 무료 제공

📣 저자 요청시 저자의 작품 전국대회에서 수상한 시낭송가가 낭송하여 유튜브 동영상 제작 =〉 출판기념식 및 시담 라이브 방송

📣 저자 요청시 네이버 생방송 출판기념회 가능(유튜브 연동) - 네이버 라이브 커머스쇼

📣 뒷 표지에 QR코드 삽입가능 - 저자의 작품 시낭송 유튜브 동영상 등(요청시)

📣 교정, 교열, 감수, 윤필(첨삭감수), 평설, 서문 등(유명한 시인, 수필가, 소설가, 문학평론가, 항시 대기)

문집 출간 안내

📖 빅뉴스

이정록 시인의 〈산책로에서 만난 사랑〉이 네이버 선정 베스트셀러로 선정 된 이후 〈내가 꽃을 사랑하는 이유〉, 〈양눈박이 울프〉, 〈꽃이 바람에게〉, 〈바람의 애인, 꽃〉시집이 연속 교보문고 베스트셀러에 선정 되고 5권 전부 출간 순서대로 골든존에 등극하였다. 평생 한 번도 어렵다는 자리를 이정록 시인은 5년 동안 5번에 오르고 현재도 이번 2022년 5월경에 출간된 [바람의 애인, 꽃] 영문판과 [담양장날]이 출간을 기다리고 있다

〈서창원 시인, 2회〉, 〈강성화 시인〉, 〈박동희 시인〉, 〈김영운 시인〉, 〈남미숙 시인〉, 〈최성학 시인〉, 〈이수달 시인〉, 〈김춘자 시인〉, 〈이종식 시인〉 외 한용운문학상 수상 시인인 〈서창원 수필가〉, 〈정세일 시인〉, 〈김현미 시인〉가 올랐고, 2022년 올 봄에는 〈정완식 소설가〉『바람의 제국』 이 소설집으로는 최초로 『네이버 선정 베스트셀러』 반열에 올랐고, 〈이동춘 시인〉에 『춘녀의 마법』 시집이 『네이버 선정 베스트셀러』 반열에 올랐다. 그리고 컨버전스공동 시선집과 한용운공동 시선집도 간간히 베스트셀러를 하고 있는 〈베스트셀러 명품브랜드〉 『샘문시선』 이다.

〈샘문시선〉은 〈베스트셀러_명품브랜드〉로서 고객님들의 〈평생가치를 지향〉하는 〈프리미엄 브랜드〉입니다. 고객이신 문인 및 독자 여러분, 단체, 기관, 학교, 기업, 기타 고객분들을 〈평생 고객〉으로 모시겠습니다. 많은 사랑 부탁드립니다

📖 샘문특전

📢 교보문고, 영풍문고, 인터파크, 알라딘, 예스24시, 11번가, Gs Shop, 쿠팡, 위메프, G마켓, 옥션, 하프클럽, 샘문쇼핑몰, 네이버 책, 네이버쇼핑몰, 네이버 샘문스토어 등 주요 오프라인 서점, 온라인 서점, 오픈마켓 서점에서 공급 및 유통하고 있습니다.

📢 기획, 교정, 편집, 디자인에 최고의 시인 및 작가, 편집가, 디자이너, 평론가, 리라이팅(첨삭 감수) 및 감수 전문가들이 참여하여 감성, 심상이 살아 있는 시집, 수필집, 소설집, 등 각종 도서를 만들어 드립니다.

📢 인쇄, 제본, 용지를 품질 좋은 우수한 것만 사용합니다.

📢 당 출판사 〈한용운공동시선집〉, 〈컨버전스공동시선집〉과 〈한국문학공동시선집〉, 〈샘문시선집〉을 자사 신문인 〈샘문뉴스〉와 제휴 신문인〈내외신문〉, 글로벌뉴스와 홈페이지(2군데), 샘문쇼핑몰, 네이버 샘문스토어, 페이스북, 밴드, 카페, 블로그를 합쳐서 10만명의 회원이 활동하는 SNS 20개 그룹 공개 지면 및 공개 공간을 통해 홍보해 드립니다.

📢 당 출판사를 통해 국립중앙도서관 및 국회도서관 및 전국 도서관에 납본하여 영구적으로 보존해 드립니다.

📢 당 문학그룹 연회비 납부 회원은 30만원 상당에 〈표지용 작품〉을 제공 받습니다.